# 博物馆里的公开课

## 汉阳陵篇

何宏　主编

陕 西 新 华 出 版
陕西人民教育出版社
·西　安·

# 编委会

# 前 言

博物馆是记录人类历史的殿堂，它见证着人类文明的进程，是收藏人类文化的“百科全书”。位于西安市北郊渭河之畔的汉景帝阳陵博物院，是首批国家一级博物馆。它是一座将现代科技与古代文明、历史文化与园林景观融为一体的大型文化旅游景区，是当代中国极具特色的考古遗址博物馆。从1999年开放至今，汉景帝阳陵博物院以全新的保护理念、独有的展示方式，将西汉帝陵文化的深厚内涵展现在人们面前。

汉景帝阳陵博物院的文化内涵包括汉景帝时期社会的衣、食、住、行、科技、娱乐等众多方面。《博物馆里的公开课·汉阳陵篇》运用云课堂的模式，延伸拓展汉代历史文化，采用视频和图文并茂的形式，开启六大类汉文化主题课程。同学们将在汉阳陵特色IP人物“小阳”和“姗姗”的带领下感受汉代人的生活，同时通过自己动手体验，加深对汉代历史文化的认知和感悟。

多年来，汉景帝阳陵博物院在“谋划长远、教育引领、整合资源、创新发展”的办馆理念下，策划了数十个特色鲜明的教育项目，先后获得全球、全国最佳教育案例。在受邀前往近百所大、中、小学授课过程中，在一场场教育活动实践中，我们深深感受到青少年对博物馆文化的喜爱与渴求。因此，我们编写了《博物馆里的公开课·汉阳陵篇》。我们期待着博物馆历史文化的魅力扎根在青少年的心里，期待着博物馆这所大学校与新时代同步前行，放射出更加耀眼的光芒。

《博物馆里的公开课·汉阳陵篇》编委会

# 汉景帝阳陵博物院
# 汉阳陵国家考古遗址公园示意图

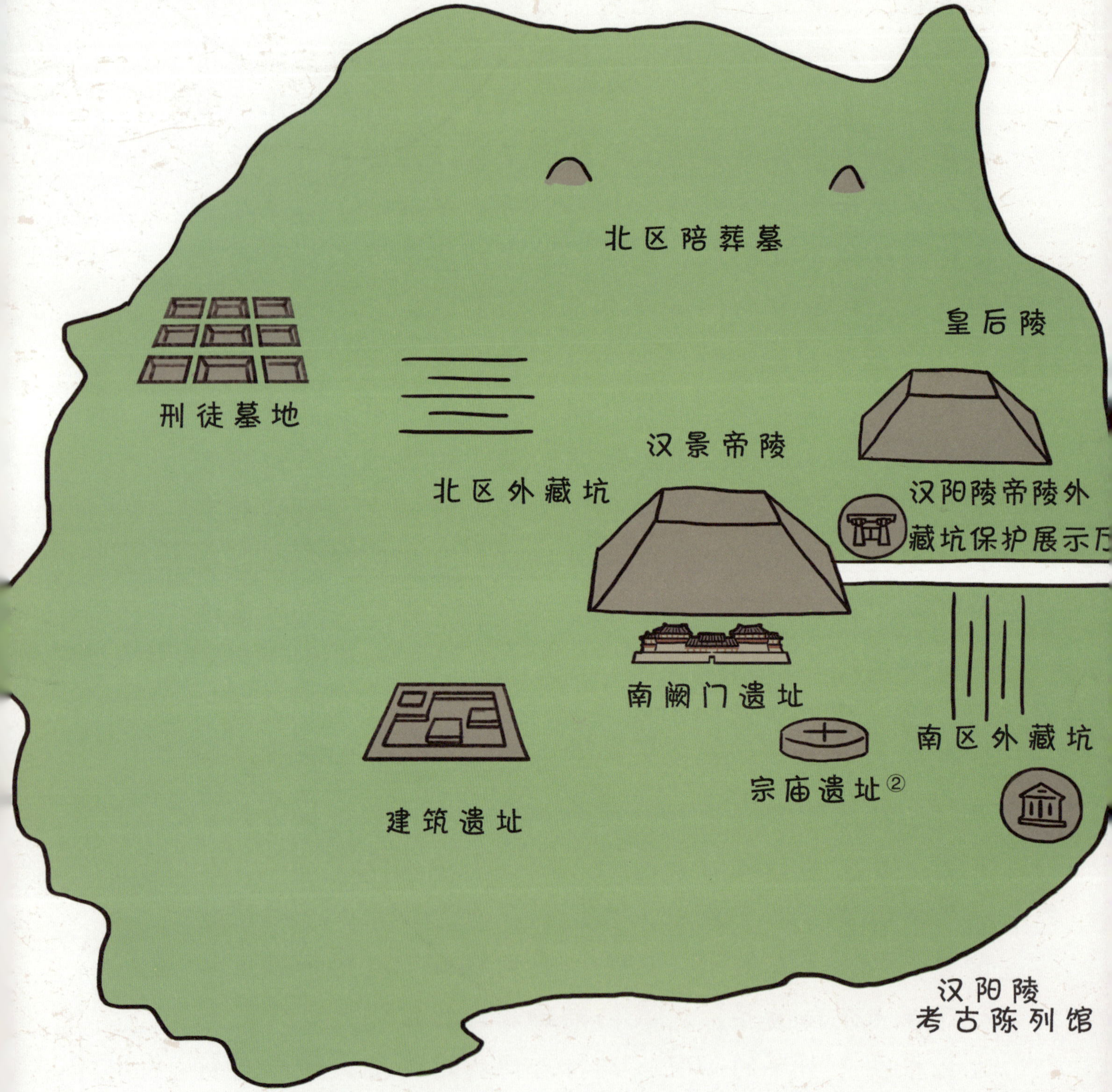


注：

①司马门道：即通往汉景帝陵的道路。

②宗庙：古代帝王、诸侯祭祀祖宗的庙宇。

泾河
陪葬墓区
司马门道①
陪葬墓区

# 目录

小阳六岁了，已经上小学了。他是一个好奇宝宝，经常思考两千多年前的汉朝人是怎么生活的。小阳听说学校有一扇神奇的大门，打开它就可以穿越时空到达两千多年前的汉朝。有一个叫姗姗的小姐姐，会带领他了解汉朝。满怀好奇心的小阳很期待地进入学校。

阳陵小学

# 汉代服饰

哇！这就是汉服吗？
是的。这只是汉服的一种形制。我带你去认识一下其他形制的汉服。

# 汉代服装的基本形制

深衣是一种上衣下裳且相连的服装。深衣分为直裾深衣和曲裾深衣两种。汉代深衣多为交领，领口开口较低，可露出里面衣服的领子。

直裾深衣

曲裾深衣

## 襜褕

襜褕（chān yú）是深衣的一种，也是直裾的禅衣，较为宽松，有里儿的称为“复襜褕”，汉代的襜褕可以用布和毛皮制作而成。

## 袍

袍也是深衣的一种。凡是穿袍服，外面就要加罩衣。到了西汉中后期，袍的外面可以不再另外加罩衣，袍服渐渐可以外穿。

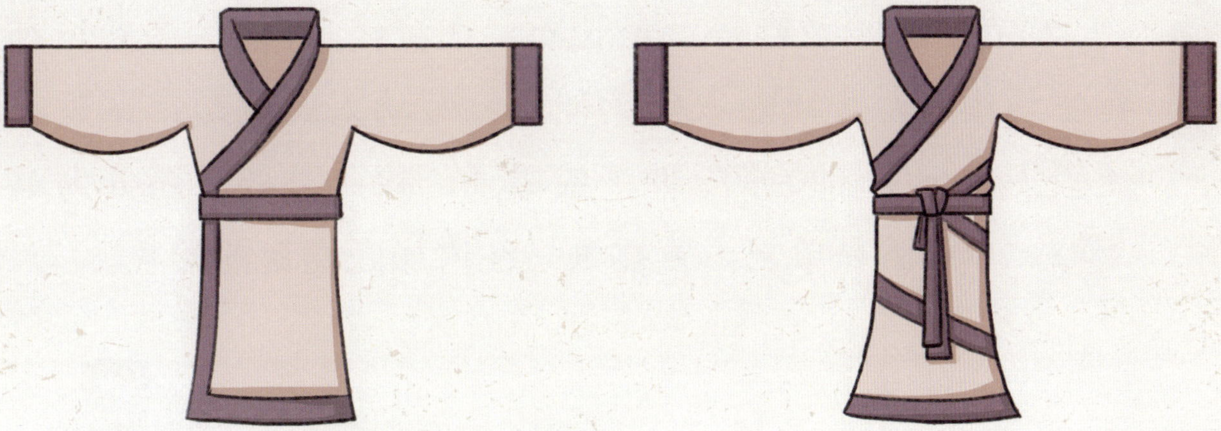

## 罩衣

袿衣

袿衣是女性的上等服装，主要做法是把用交衽的两幅裁去一角，这样绕到身后就形成了曲裾，与古时的刀圭币相像，形似燕子的尾巴。穿着袿衣是为了彰显身份地位。

襦

深衣、襜褕及袍等都是长衣，在汉代,人们除穿着长衣外，在生活中有时也以短衣作为便服。劳动人民就通常穿短衣。襦比较短，下身需要搭配裤子或裙子，除此之外，还分为单襦和复襦。单襦就是单衣，复襦则是在内加入棉絮的棉衣。

汉服除上所述，还有半袖、披肩、蔽膝等。

## 汉代服饰与礼制

《左传·成公十三年》说：“国之大事，在祀与戎”，意思是一个国家的重大事务在于祭祀与战争。古人非常重视祭祀，祭祀时所穿的礼服被称为祭服，也就是冕服，这是各类冠服中最庄严的服饰。

冕服

丧服是生者根据与死者的关系及生者的身份地位所穿戴的特殊服饰，以此表达生者对死者的哀思。

朝服用于朝会，就是面见皇帝讨论国家大事时穿的衣服。

公服是官吏在处理公务时穿的衣服。与冕服、朝服相比，公服的形制要简便得多，同时，还省略了许多烦琐的挂佩，所以公服又有“从省服”之称。

男子的服饰除了这些，还有婚服。

丧服

朝服

公服

婚服

## 不拘一格

**妙手裁衣**

请用附页的纸尝试做一件衣服吧！

# 汉代饮食

加入我们的
课堂吧!

# 用餐礼仪

**小贴士**

《礼记·曲礼上》有关于汉代饮宴礼节的详细记载：“凡进食之礼，左殽（yáo）右胾（zì），食居人之左，羹居人之右。”

在汉代就餐也要遵循礼仪。左边放置带骨的熟肉，右边放置切片的熟肉；饭食位于人的左方，糊状、浓汁食物位于人的右方。汉代饮宴时为体现出主宾关系、阶级关系与彼此的地位尊卑，座次顺序的确定是十分重要的。在汉代贵族饮宴活动中以坐西面东为最尊，此后依次是坐北面南、坐南面北，最卑为坐东面西。

## 小 贴 士

“鸿门宴”中关于人物位置的描述就是汉代饮宴中座次顺序的典型代表，如“项王、项伯东向坐，亚父南向坐，沛公北向坐，张良西向侍”。项王就是坐在室内空间最宽敞也最尊贵的面向东方的位置。

汉代时不仅主宾会分席分餐，男宾女客也不会坐在一起吃饭。

我们现在都是坐在一个桌子上吃饭的，但是随着人们用餐卫生意识的增强，也开始提倡分餐了！

## 小贴士

现藏于江苏徐州汉画像石艺术馆的汉画像石《迎宾宴饮图》中，头戴进贤冠的男宾客坐在堂上，而梳着高髻的女宾客则坐在后室中，反映了当时男女“不同席，不共食”的习俗。

## 不拘一格

请用材料包里的泡泡泥自己制作汉代的餐食和餐具吧！

# 汉代建筑

加入我们的
课堂吧！

## 建筑结构

在汉朝时期，我国主要的木构架建筑结构有抬梁式结构、穿斗式结构和井干式结构三种。

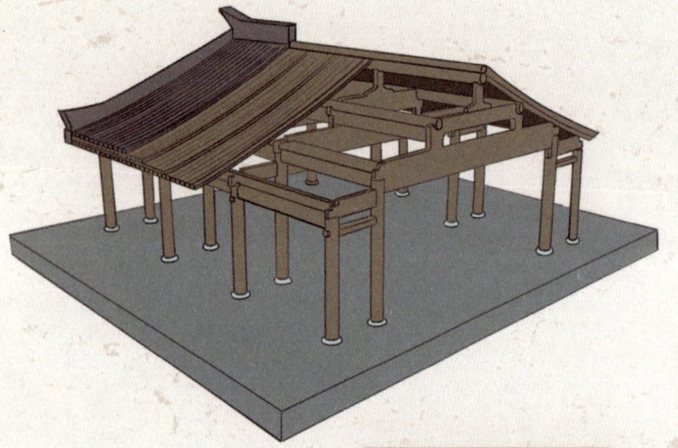

抬梁式结构

穿斗式结构

井干式结构

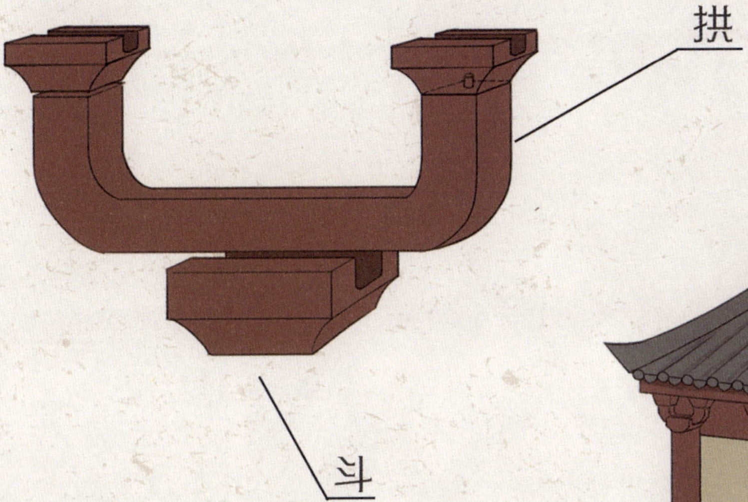

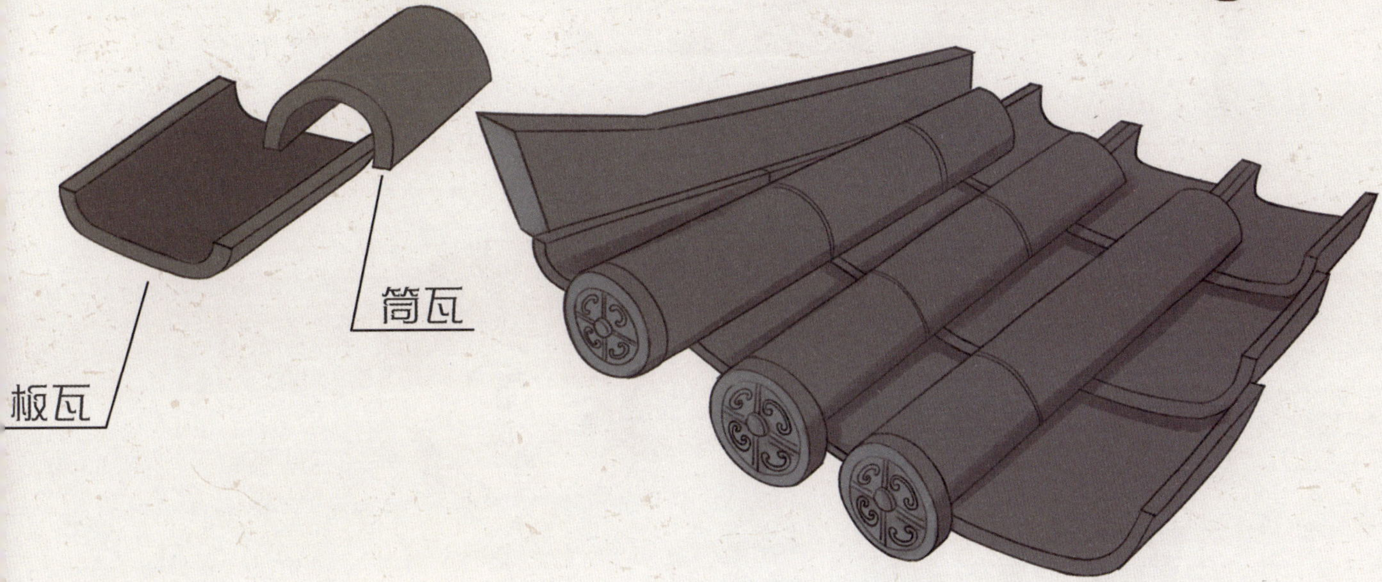


## 不拘一格

请用材料包里的泡泡泥制作“汉瓦”吧！

# 汉代交通

# 出行方式

汉代陆路出行有三种方式：车乘、骑马、步行。步行就不多说了，下面来重点介绍一下车乘。

马车

牛车

羊车

辇车

独輈车

双辕车

独轮车

小贴士

车乘：汉代的车，按照拉车动物的不同，可以分为马车、牛车、羊车等，其中以马车为主流。辇车为人力拉动的车。按照车的结构不同，可以分为独辀车、双辕车、独轮车等。

轺

骈

骖

## 小贴士

车马依乘坐方式、车型、驾畜种类及数目、车马饰、使用场合分为许多不同的等级，不同级别的人乘用相应的车驾。所谓“授车以级”，就是根据身份而形成了六、四、三、二、一的驾马数数列。以车盖言，等级的差别体现在颜色和质料上，食邑二百石以下的官员用白布盖，食邑三百石以上的官员用皂布盖，食邑千石以上的官员用皂缯覆盖。

## 不拘一格

看看你对马车构件了解多少，来填一填吧！

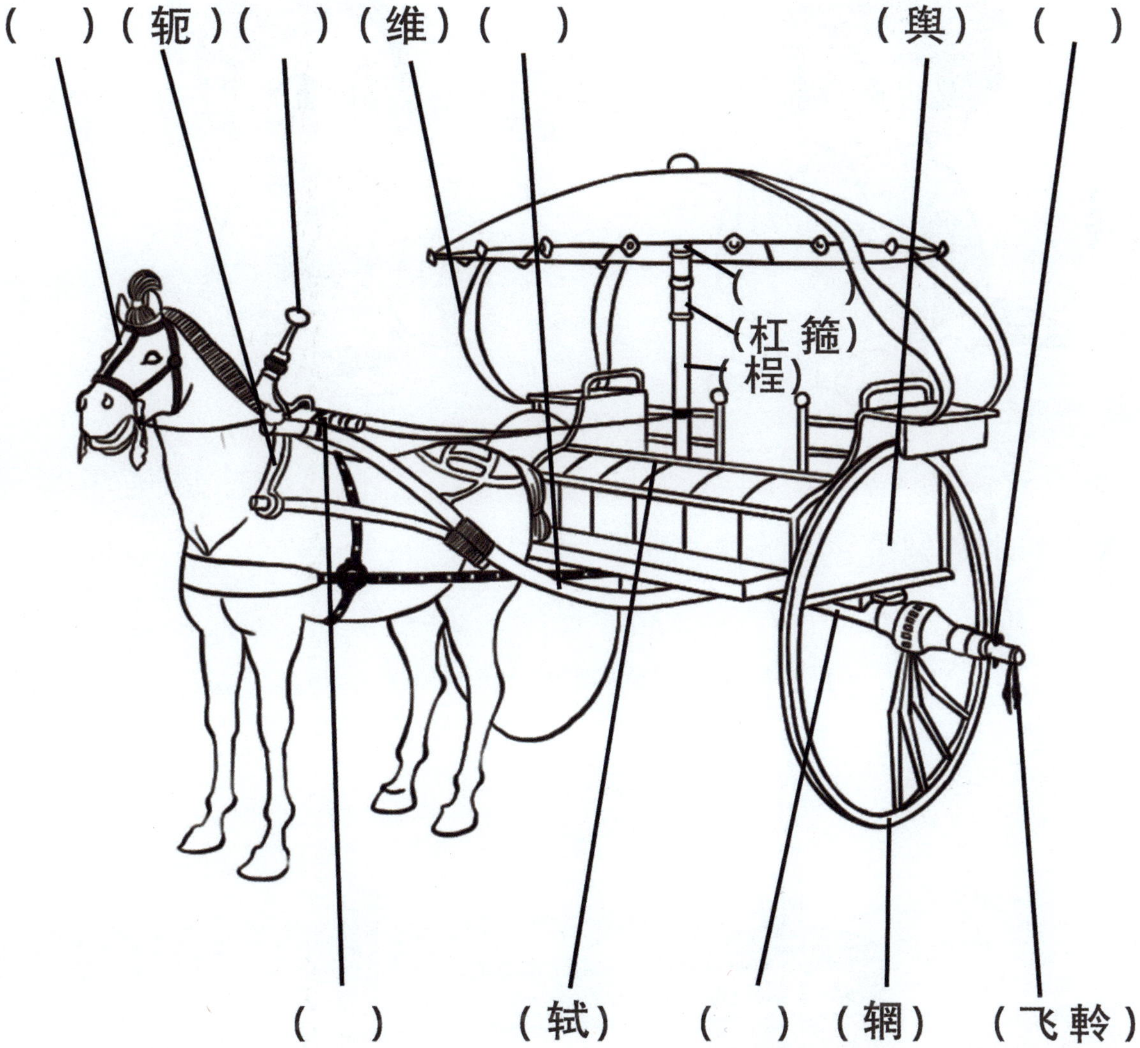

# 汉代科技

## 沉箭式陶漏壶

沉箭式陶漏壶，是滴水计时的仪器。它的计时原理是在漏壶内放一支带有时间刻度的木箭，箭下用一只箭舟托着，浮在水面上，漏壶起漏后，壶内的水从泄水孔逐渐滴出，浮箭随之下沉，通过观察箭上刻度的变化，就可以比较精确地计算时间了。

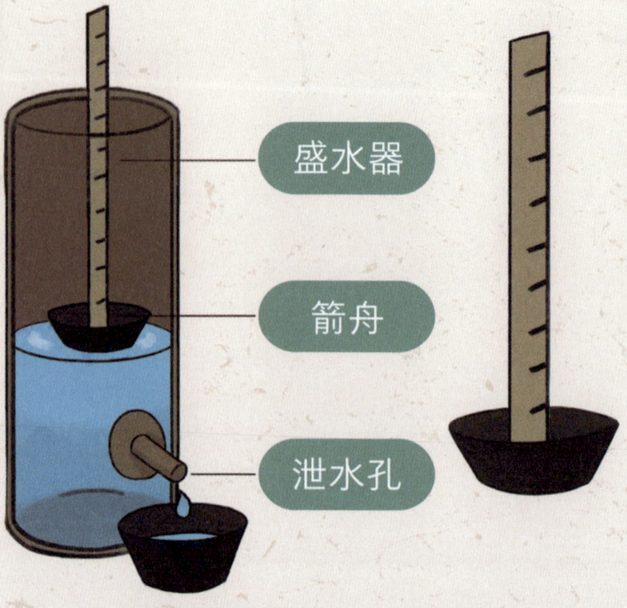


加入我们的课堂吧！

铅釉陶器表面有一层薄釉，和原始瓷器、高温灰釉陶器一样，但是它属于铅釉系统，即釉料中80%以上的碱性成分是铅，它以铅的化合物为助溶剂，以铜、铁为呈色剂。

## 造纸术

## 不拘一格

用线条把相对应的知识点连起来。

| | | |
|---|---|---|
| 釉陶 | 改良了 | 造纸术 |
| 蔡伦 | 是中国 | 不漏水了 |
| 计时器 | 原来有 | 变成釉陶 |
| 造纸术 | 使陶器 | 四大发明之一 |
| 陶器 | 表面加釉 | 水做的 |

# 汉代体育

大将军,这是我的朋友小阳,我可以带他参观一下军营吗?
呵呵,是姗姗的朋友,那当然没问题。

# 投壶

正好今天有两位朋友前来拜访，我们先去参加投壶比赛吧。
好呀。
太棒了！

怎么感觉这个和武器弓箭中的箭很像呀！
不错，这个就是射箭时所用的箭。

## 小贴士

汉代的投壶方法较之春秋战国时期有极大改进。原来的投壶是在壶中装满红小豆，使投入的箭杆不会跃出。汉代不在壶中装红小豆，可使箭杆跃出，抓住重投，且可以一连投百余次。《西京杂记》中说，汉武帝时期有一个倡优郭舍人善于投壶，可以“一矢百余反，谓之为骁。”“每为武帝投壶，辄赐金帛”。

加入我们的课堂吧!

## 不拘一格

请大家在家中寻找可以用来当“壶”的器具，体验投壶的乐趣吧！

## 击剑

剑起源于中国北方草原文化，春秋战国时期开始流行于中原，以其突出优势在战争中发挥了重要作用，并逐渐得到上层社会的喜爱。到国力强盛的秦汉时期剑得到进一步蓬勃发展，以至于后世对其有“百兵之君”的美称。

剑作为近身格斗工具，起初服务于临阵杀敌，又与其他军事体育项目一样，逐渐有了日常锻炼、好友切磋乃至娱乐表演等不同活动属性。但凡涉及用剑的这些活动，都可以用“击剑”来泛称。

加入我们的课堂吧!

现代击剑运动是奥运会的传统比赛项目。

## 举重

举重是力量训练，士兵凭借身体力量和综合素质举起重物，不论古今中外，举重向来是训练和彰显原始力量之美的主要手段，在对士兵的选拔与培养中地位突出。举重看似简易，却对士兵的力量爆发性、躯干稳定性及全身协调性都具有极高要求。

在古代，按照所用器具的不同，举重又有“扛（gāng）鼎”“翘关”“举石”等不同的分类。

加入我们的课堂吧!

现代部队训练中也有举重物的训练项目。

现代举重是奥运会的比赛项目，但2021年12月10日，国际奥委会公布了2028年洛杉矶奥运会初步设项，举重项目暂时未被列入其中。

## 蹴鞠

蹴（cù）鞠（jū）及其别称广泛出现在《史记》《战国策》《汉书》等文献中，这表明蹴鞠在汉代已广为流行，是当时极具代表性的体育活动之一。

蹴鞠，又名“蹴圆”“蹋鞠”等。既是民间的娱乐活动，也是军队进行训练的重要手段。“蹴”“鞠”，两个字分别意为踢、古代的一种球，合在一起是中国古代一项非常受欢迎的体育运动。

汉代蹴鞠是军队里常见的锻炼身体的运动项目，有两队参赛，每队12名队员，每边有6个球门，队员6人进攻，6人防守，进球多的队伍获胜。

国际足联世界杯，简称“世界杯”，与奥运会、世界一级方程式锦标赛（F1）并称世界三大体育赛事。

加入我们的课堂吧!

## 角抵

角（jué）抵，类似现在摔跤、相扑一类的两两较力的运动。这项运动由两人徒手进行，通过释放原始力量、使用动作技巧，以摔倒对方为胜。

## 小贴士

角抵，意为二人角逐、以力相抵，是中国古代一种历史悠久的竞技体育运动。上古时期称“角力”，秦汉时期称“角抵”，魏晋时期至隋唐时期称“相扑”，宋代俗称“争交”，元明时期称“摔跤”，清代称“掼跤”等。

加入我们的课堂吧!

摔跤是奥运会的比赛项目，深受大家喜爱。

# 射箭

射箭，是我国一项历史悠久的传统体育项目，可以追溯到旧石器时代晚期。它的出现源于远古人类进行狩猎和保护自身安全的需要。随着社会与经济的发展，射箭在军事和体育方面的功能逐渐凸显。

加入我们的课堂吧!

射箭是奥运会比赛项目之一，深受大家喜爱。

## 小 贴 士

汉代弓箭具有射程远、杀伤力强、便于携带的优势，其突出的功能优势是短兵器无法替代的。汉代作战以步兵与骑兵为主，因此，弓箭成了汉代战争中的主要兵器。

因为双方弓箭手的数量常常决定了汉代战争中的胜败因素，所以善射者得到高度重视。根据射箭的特点，汉代射箭分为步射和骑射两大类。

多谢姗姗姐姐，时间不早了，我该回家了。
欢迎再次来玩呀！

小朋友们，汉朝一日游体验活动结束了，在姗姗姐姐的带领下我了解了汉景帝时期的衣、食、住、行、科技和娱乐，这些体验让我深深感受到了汉文化的博大精深。这些独特的汉文化小知识你们都记下来了吗？好了，时间到了，我该回家了。让我们相约下次的时空之旅！

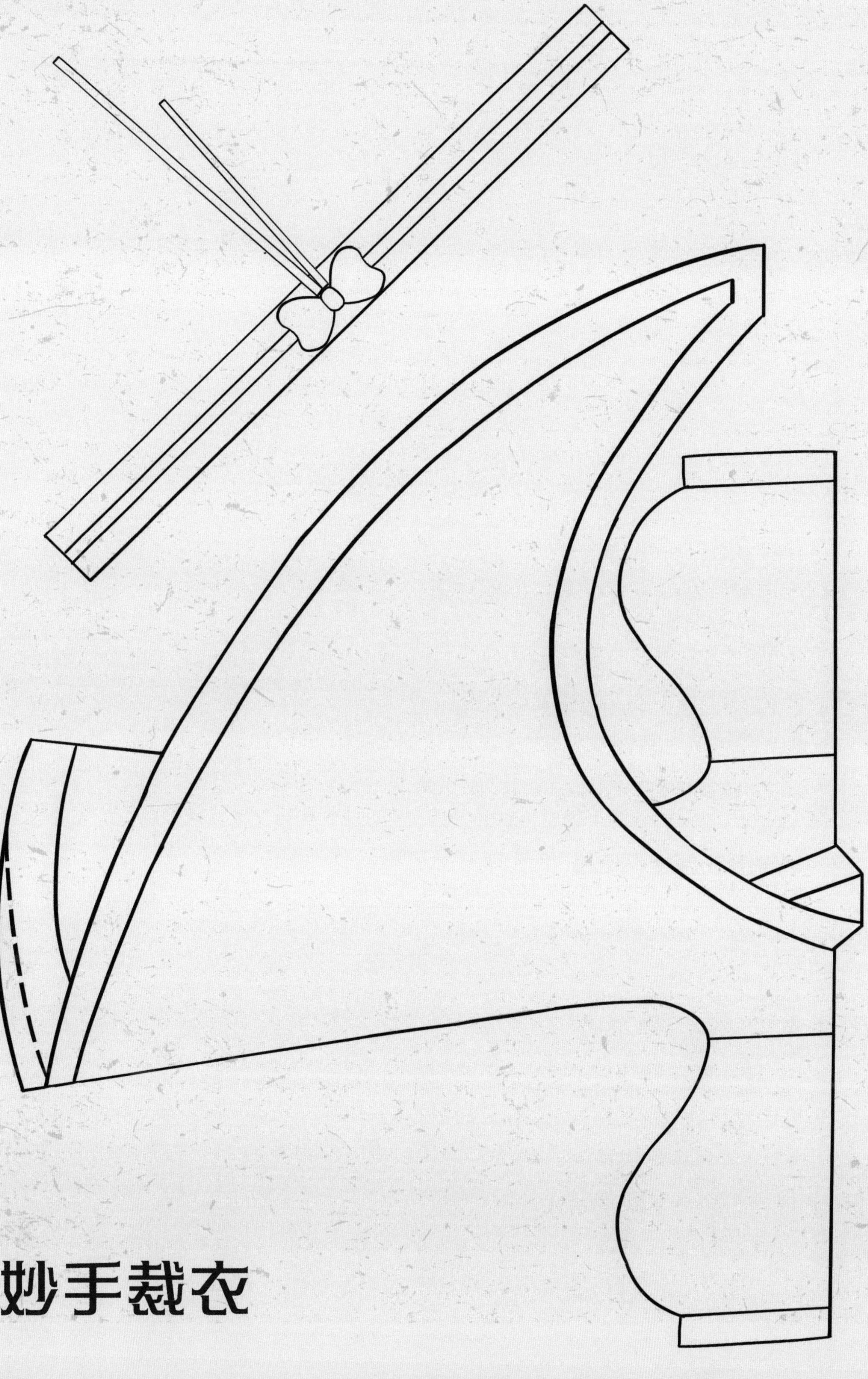

妙手裁衣

图书在版编目（CIP）数据

博物馆里的公开课. 汉阳陵篇 / 何宏主编. -- 西安:
陕西人民教育出版社, 2023.12
ISBN 978-7-5450-9754-2

Ⅰ. ①博… Ⅱ. ①何… Ⅲ. ①汉墓－介绍－咸阳
Ⅳ. ①K872

中国国家版本馆CIP数据核字(2023)第240212号

---

**博物馆里的公开课**·汉阳陵篇
BOWUGUAN LI DE GONGKAIKE HANYANGLING PIAN

---

何宏 主编 西安新昆信息科技有限公司 绘图

---

出版发行 陕西人民教育出版社
地 址 西安市丈八五路58号
邮 编 710077
印 刷 西安创维印务有限公司
开 本 880毫米×1230毫米 1/16
印 张 3.5
字 数 30千字
版 次 2023年12月第1版
印 次 2023年12月第1次印刷
书 号 ISBN 978-7-5450-9754-2
定 价 76.80元